Eduard Frühwirt

Im Coaching-Dschungel

Eduard Frühwirt

Im Coaching-Dschungel
Ratgeber

Wie erkenne ich einen professionellen Coach?

Bibliografische Information der Deutschen
Nationalbibliothek:
Die Deutsche Nationalbibliothek verzeichnet diese
Publikation in der Deutschen Nationalbibliografie;
detaillierte bibliografische Daten sind im Internet über
http://dnb.dnb.de abrufbar.

2. Auflage 2020
Copyright © 2020 Eduard Frühwirt

Herstellung und Verlag: BoD – Books on Demand,
Norderstedt, Deutschland

ISBN 9783751968843

Inhaltsverzeichnis

Vorwort

Ich schreibe dieses Buch für all jene, die auf der Suche nach einem professionell arbeitenden Coach sind. Für jene, die Interesse am Thema Coaching haben und neugierig sind, was Sie erwartet.

Mein Ziel ist es, Ihnen das Handwerkzeug zu geben, damit Sie in der Lage sind, einen professionell arbeitenden Coach selber zu erkennen. Ich möchte Ihnen die Möglichkeit geben, bereits beim ersten Treffen beurteilen zu können, ob Ihr ausgewählter Coach auch tatsächlich Experte auf seinem Gebiet ist und er Sie professionell in Ihren Anliegen begleiten kann. Denn Coaching ist ein hocheffizienter Weg, Probleme innerhalb kurzer Zeit zu lösen. Doch damit dies gelingen kann, brauchen Sie einen Experten an Ihrer Seite.

Durch meine langjährige Tätigkeit als systemischer Coach erlebe ich, dass viele KlientInnen den Wunsch haben, genaueres über Coaching zu erfahren. Sie kommen in das erste Beratungsgespräch und haben viele Fragen, zu dem was sie erwartet. Dies bestätigen mir auch viele KollegInnen, sowie meine Coachees, die ich selber ausgebildet habe und selbst seit Jahren coachen.

Bücher über Coaching gibt es viele. Die Information über Coaching müsste daher im Überfluss verfügbar sein. Woran liegt es dann, dass trotz allem große Verunsicherung bei den KlientInnen herrscht? Der Grund dafür ist, dass die meisten Bücher ausschließlich an die ExpertInnen, also die Coaches selbst gerichtet sind. Es geht um Methoden, Fachvokabular und spezifische Einzelfälle. Dabei wird die wohl wichtigste Person im Coaching übersehen, nämlich Sie - der **Klient,** oder auch Coachee genannt. Dieses Buch ist daher ausschließlich für Sie als Coachee geschrieben.

Mir war es ein Herzensanliegen, ein praxisnahes Buch aus der Sicht des Klienten zu schreiben. Ich werde Ihnen einen prägnanten und überschaubaren Blick über das Feld des Coachings bieten. Dabei werden Ihre wichtigsten Fragen beantwortet und ich werde gleichzeitig mit Vorurteilen und Klischees aufräumen.

Die Zeiten, in denen KlientInnen mit Verunsicherung zu Coaching-Gesprächen kommen oder sich in die Hände von Scharlatanen, die sich selbst gut verkaufen können, begeben, sollen ein für alle Mal vorbei sein. Da Sie dieses Buch oder bereits in der Hand halten oder als e-book lesen, sind sie schon auf dem richtigen Weg, einen professionellen Coach für sich zu finden, denn Sympathie alleine reicht für erfolgreiches Coaching nicht aus.

Coaching Angebote gibt es viele. Damit die Suche nach dem passenden Coach nicht der Suche nach der Nadel im Heuhaufen gleicht, lassen Sie mich Ihnen helfen.

Einleitung

Zunächst ist es mir ein Anliegen, Licht in das Dickicht des Coaching-Dschungels zu werfen. Denn nicht jeder, der sich Coach nennt, trägt diesen Namen verdient. Sie werden TrainerInnen und RatgeberInnen kennenlernen, genauso wie Scharlatane und weitere „Coaches", vor denen Sie sich in Acht nehmen sollten. Auch werde ich versuchen, auf den Unterschied von Coaching und Psychotherapie hinzuweisen.

In Kapitel 2 geht es um die Beschreibung dessen
- was systemisches Coaching tatsächlich bedeutet
- welche Rolle haben Sie als KlientIn, welche der Coach
- was verändert sich durch das Coaching
- welche Methoden erwarten Sie, wenn Sie sich auf Coaching einlassen

Viele KlientInnen wissen nicht, was sie bei einem Coaching erwartet. Auf diese offenen Fragen gehe ich in Kapitel 3 genauer ein. So erhalten Sie Antwort auf die Fragen:
- wie eine typische Session (Coaching-Einheit) verläuft
- was das erste Treffen zu etwas Besonderem macht

Immer wieder fällt es mir auf, dass KlientInnen mit falschen Vorstellungen zum Coaching kommen. Lernen Sie diese kennen und finden Sie die Antwort darauf, ob es auch Probleme gibt, auf die eine einfache Lösung nicht gefunden werden kann.

Ein weiteres wichtiges Kapitel ist wohl Kapitel 4. Hier erfahren Sie

- wie Sie einen professionellen Coach erkennen können
- wie es Ihnen gelingt, bereits beim ersten Treffen richtige Fragen zu stellen

Und um herauszufinden, ob Sie mit einem Profi arbeiten, oder mit jemandem, der nur vorgibt ein Coach-Profi zu sein. Wie soll er nicht sein, wie soll er sein. Ich stelle Ihnen eine übersichtliche „Checkliste" zur Verfügung, anhand derer Sie rasch die wichtigsten Merkmale in Übersicht haben.

Durch meine Tätigkeit als Coach habe ich viele KlientInnen und ihre Probleme kennen gelernt. Einige alltägliche, sowie auch faszinierende Beispiele aus der Praxis möchte ich Ihnen vorstellen. Die Namen habe ich aus Gründen für den Schutz meiner KlientInnen geändert, denn es liegt in meiner Verantwortung als Coach, die Diskretion (Codex) zu wahren. Alle Praxisbeispiele sind jedoch tatsächlich so passiert.

Dieses Buch soll Ihnen Lust auf Coaching machen und Ihnen die Fähigkeit geben, den professionellen Coach bereits beim ersten Treffen zu erkennen.

Im Coaching-Dschungel – vom Berater zum Coach

„Machen Sie endlich was ich Ihnen sage, ich bin schließlich der Coach!"

Eines haben alle Coaches gemeinsam, sie wollen Menschen bei der Lösung Ihrer Probleme unterstützen.
Doch bereits an dieser Stelle hört die Gemeinsamkeit oft schon auf, denn die Wege, wie sie dieses Ziel verfolgen, unterscheiden sich stark voneinander. Daher trägt nicht jeder der sich selbst Coach nennt diese Bezeichnung auch zu Recht.

Doch lassen Sie uns das unüberschaubare Feld des Coachings genauer betrachten…

Ist jeder Coach tatsächlich ein Coach?

Coaching ist in aller Munde, es scheint zur Zeit fast ein Modewort zu sein. Ein Blick in die Zeitung oder ins Internet genügt und Sie werden in kurzer Zeit auf eine Vielzahl von unterschiedlichsten Coaching-Angeboten stoßen. Angefangen vom Fußballcoach, dem Ernährungscoach, dem Verkaufscoach bis hin zum Elterncoach, um nur eine kleine Auswahl zu nennen. Coaching wird inzwischen schon zu fast allen Lebensbereichen angeboten.

Jeder der irgendeine Form von Beratung oder Training anbietet bezeichnet sich selbst bereits als Coach. Doch genau hier liegt das Missverständnis. Denn es gibt einen klaren Unterschied zwischen Beratung, Training und Coaching.

Ein professioneller Coach gibt **niemals** Ratschläge.

Coaching könnte man folgendermaßen definieren:
- Coaching ist eine Beratung ohne Ratschlag. Der Coach ist Experte, was den Prozess des Coachings betrifft.
- Der Klient, auch Coachee genannt ist Experte, was seine Probleme angeht.

Der Coach gibt keine Lösungswege vor. Der Coachee gelangt zu Lösungswegen durch eigene Kraft.

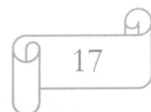

Coach und Coachee sind gleichberechtigte Partner, bei denen es kein oben und unten gibt.

Viele der selbst ernannten Coaches sind sich der tatsächlichen Bedeutung des Begriffs selber nicht einmal bewusst. Sie glauben zu wissen was Coaching ist, ohne es genauer zu hinterfragen, bzw. eine fundierte Ausbildung genossen zu haben. Bei der Frage, was ihr angebotenes Coaching mit dieser Art des Coachings gemeinsam hat, verstummen die meisten.
Viele sehen Coaching als die Zusammenarbeit von dem Experten, der vorplant und weiß wie es läuft, mit einem Laien, der wenig bis nichts weiß. Es ist also kein Wunder, dass auch KlientInnen durch solche irreführenden Angebote eine falsche Vorstellung von Coaching bekommen.

Die meisten der selbsternannten Coaches spezialisieren sich darauf Ratschläge zu erteilen und Lösungswege vorzugeben. Sie treten in der Rolle des Experten auf. Sie wissen genau was sie wollen, planen vor, geben Anweisungen und Ratschläge, um den Klienten den gewünschten Erfolg zu verschaffen.

Sehen wir uns das Beispiel des „Fußball Coaches" an:
Der „Coach" tritt als Experte auf, der dem Laien

Anweisungen gibt, wie er sich verhalten soll, um an sein Ziel zu gelangen. Bei genauerem Hinsehen ist dieser Coach also gar kein Coach. Richtig wäre die Bezeichnung Fußball-Trainer, so wie es auch ursprünglich einmal der Fall war. Und die richtige Berufsbezeichnung war!

Das gleiche Phänomen lässt sich auch beim „Ernährungscoach" beobachten:
Auch hier handelt es sich nicht um keinen Coach.
Vielmehr handelt es sich um einen Berater. Auch er oder sie Fachmann oder die Fachfrau, der oder die dem „Schüler" richtige Ernährung lehrt.

Hier dazu ein Beispiel:
Vor einem Jahr kam eine circa 40-jährige Frau, die ich hier Lisa nennen möchte, zu mir. Lisa berichtete mir, dass sie schon bei diversen Ernährungscoaches war, aber ihr bisher keiner helfen konnte.
Bei mir begriff sie, dass es nicht nur darum geht, Anweisungen mit Ernährungsvorschriften zu bekommen, sondern Ziele zu formulieren. Ziele, für die es sich lohnt, selbst etwas dafür zu tun. Ich arbeitete mir ihr mit einer hypnotischen Technik. Nach wenigen Sessions sagte sie plötzlich „Während ich esse, fühle ich mich satt bevor ich genug habe". Wir mussten beide über diese so lohnende Metapher lachen.

Die Liste der Coaches die keine Coaches sind, lässt sich unendlich fortführen. Viele von Ihnen lassen sich in die Kategorie BeraterIn oder TrainerIn zuordnen. Dabei möchte ich betonen, dass es sich bei einer Bezeichnung wie TrainerIn meinerseits um keine Abwertung dieser Berufsgruppe handelt. Auch ich bin Trainer für Sozial- und Wirtschaftskompetenz - Mir ist nur wichtig, dass Sie erkennen, dass die Bezeichnung Coach in diesen Fällen schlicht und ergreifend falsch ist, um die Tätigkeit dieser Personen zu beschreiben. Denn TrainerInnen und Coaches verwenden eine unterschiedliche Methode Menschen in ihrem Anliegen zu unterstützen.

Ich selbst bin auf Coaching aufmerksam geworden, als ich Coaching vor vielen Jahren für mich privat in Anspruch genommen habe.

Ich hatte während meiner Inanspruchnahme des Coaching allerdings das Gefühl, dass es auch besser ginge, im Sinne dessen, dass es möglich sein müsste, schneller zu Lösungen zu gelangen, welche mit meinen Ressourcen möglich sind.
Durch diese Erfahrung interessierte ich mich immer mehr für diesen Beruf, bis ich schließlich auch die Systemische Coachingausbildung machte.

Seit vielen Jahren bilde ich als Leiter einer Bildungsakademie nun zudem selbst Coaches aus.

Mein Wunsch für den Bereich des Coachings ist es, die Öffentlichkeit besser zu informieren. Es herrscht noch immer wenig Transparenz. Ein Grund dafür ist auch, dass in den Medien wenig oder auch falsch über dieses Fachgebiet informiert wird. Über das gleiche Problem klagen auch PsychotherapeutInnen, die mit PsychologInnen gleichgesetzt werden. Hier gibt es also ein gemeinsames Problem.

Abgrenzung zur Psychotherapie

Während sich Coaching ganz klar von Beratung abgrenzen lässt, ist die Unterscheidung zur Psychotherapie nicht mehr ganz so einfach. Grundsätzlich ist Psychotherapie für Menschen geeignet, die eine behandlungsdürftige Störung, Irritation oder psychische Krankheit aufweisen. Dazu gehören beispielsweise Personen, die Selbstmordgedanken hegen, Angst- oder Panikattacken haben, beziehungsweise auch schwere Depressionen aufweisen.

Was allerdings unter eine behandlungsbedürftige Therapie fällt, ändert sich von Zeit zu Zeit. Auch ist es im Einzelfall manchmal schwierig festzustellen, in welche Kategorie ein Mensch fällt. Diese Problematik ergibt sich zum einen aus dem Fall selbst, zum anderen aber auch an den beteiligten Personen.

Es gibt PsychotherapeutInnen, die aus wirtschaftlichen Gründen eine Krankheit erkennen wollen, wo es keine gibt. Umso beispielsweise mehr PatientInnen betreuen zu können. Und meist über sehr viele Therapie-Einheiten. Es gibt aber gleichsam auch Coaches, die unter finanziellem Druck stehen und daher um jeden einzelnen Klienten kämpfen. Und schließlich gibt es auch noch KlientInnen, die sich als gesund betrachten wollen und daher eine Psychotherapie ablehnen. Lieber zum Coaching gehen.

Für Coaching ist die entscheidende Voraussetzung, dass der Klient voll handlungsfähig ist.

Auch unterscheiden sich die beiden Formen der Problemlösung oft von ihrer Länge. Psychotherapie ist meist auf einen längeren Zeitraum festgelegt, während es beim Coaching darum geht, Probleme möglichst effizient in kurzer Zeit zu lösen.

Bei der Psychotherapie geht es oft um die Identifizierung des Problems. Die Suche in der Vergangenheit. Ursache versus Wirkung. An dieser Stelle möchte ich ein Zitat von Steve de Shazer, einem der Begründer der lösungsorientierten Kurzzeittherapie und Kurzzeitcoaching anführen: *„der Lösung ist es egal was die Ursache war"*.

Im Coaching geht es nicht in erster Linie um Vergangenheitsbewältigung. Der Blick ist auf positive Veränderungen im Hier und Jetzt und in die Zukunft gerichtet. Wobei das nicht heißt, dass Vergangenheit beim Coaching überhaupt keine Rolle spielt.

Wie schmal der Grad zwischen gesunden und kranken Menschen sein kann, kann ich aus meiner eigenen Erfahrung berichten. Vor wenigen Monaten besuchte mich ein junger Mann, den ich hier Manuel nenne, und bat mich um ein Coaching.

Manuel hatte in der Vergangenheit massiv mit Drogenproblemen zu kämpfen. Dann folgte eine so genannte Entziehungskur und währenddessen und danach eine mehrjährige Psychotherapie. Allein seinem Willen war und ist es zu verdanken, dass er seit nunmehr 10 Jahren „clean" ist. Doch nun war er an einem Punkt in seinem Leben angekommen, an dem ihn seine Vergangenheit wieder einzuholen schien. Er glaubte zu erkennen, dass er vieles an Entwicklung von Bildung, Beruf und Umfeld versäumt hatte. Das machte ihm schwer zu schaffen.

Ich entschied mich, diesen jungen Mann aufzunehmen. Denn: Manuel war nicht psychisch krank, sondern voll handlungsfähig. Er hatte schon längere Zeit versucht, einiges in seinem Leben zu ändern, dies aber trotz diverser Versuche und weiterer Psychotherapien bisher nicht geschafft.

Aus dieser Perspektive war es für mich ethisch als Coach vertretbar. Hätte er depressive Zustände oder gar Suizidgedanken geäußert, hätte ich ihn abgelehnt und eine weitere medizinische Betreuung oder Psychotherapie vorgeschlagen.

Inzwischen kommt Manuel alle zwei Wochen zu mir und fühlt sich mit seiner Situation bei mir im Coaching sehr gut aufgehoben. Psychotherapie möchte er derzeit keine machen.

Mir ist es wichtig zu betonen, dass es hier nicht um eine Auf- oder Abwertung der Psychotherapie geht. Das Beispiel soll ganz einfach verdeutlichen, dass sich Psychotherapie und Coaching an unterschiedliche Zielgruppen wendet und teilweise unterschiedliche Herangehensweisen an bestehenden Problemen zur Anwendung kommen.

Was auch daher sogar gut vorstellbar wäre, ist eine Zusammenarbeit von systemischem Coaching und Psychotherapie. Eine mir gut bekannte Psychotherapeutin aus Wien hat bereits positive Erfahrungen mit systemischem Coaching gemacht.

Aus Sicht der Psychotherapeutin haben beide Professionen gute Möglichkeiten, Menschen bei unterschiedlichen Problemen zu helfen. Auch ist es wichtig zu erwähnen, dass ein Therapeut nicht automatisch auch gleich ein Coach ist. Für professionelles Coaching bedarf es einer gesonderten Ausbildung und besonderer Methoden.

Es ist nicht so, dass Coaching der „Vorschritt" zur Psychotherapie ist. Coaching ist viel eher für voll handlungsfähige und psychisch intakte Menschen gedacht, die aber Probleme haben oder bestimme Themen in ihrem Leben angehen möchten. Diese sind von ihnen alleine scheinbar nicht lösbar.

Die rein medizinische Kategorisierung von Krankheitsbildern ist mittlerweile mehr als umstritten. Menschen-Psychen lassen sich meiner Meinung nach nicht in einem beispielsweise 10 Punkte Einteilungskataster festmachen. An dieser Stelle möchte ich einen deutschen Psychiater und Psychotherapeuten mit seinem Buchtitel zitieren: *„Irre-wir behandeln die Falschen."*[1] Wie wahr!

Neueste Studien zeigen in einem Vergleich auf, dass für viele Probleme Coaching zielführender ist als beispielsweise Psychotherapie oder medikamentöse Behandlung. Paradoxerweise werden zudem oft Psychopharmaka nur durch Hausärzte verschrieben. Dennoch ist eine medizinische Abklärung bei psychosomatischen Anzeichen oft von Vorteil.

Bei vielen Problemen ist Angst ein kleinerer oder größerer Begleiter. Das löst schnell einmal psychosomatische Begleiterscheinungen aus. Hier kann durch eine medizinische Abklärung Gewissheit erlangt werden, ob man zumindest körperlich OK ist.

Auch ein Coaching könnte dann anstelle von Psychotherapie oder medikamentöser Behandlung in Betracht gezogen werden. Gemeinsam mit dem

---

[1] Lütz, Manfred: Irre – Wir behandeln die Falschen:
Unser Problem sind die Normalen – Eine heitere Seelenkunde.

Coach Ihrer Wahl können bestehende Probleme erörtert und in kurzer Zeit meist ein Weg aus der unliebsamen Situation herausgefunden werden.

Vorsicht vor Scharlatanen

Da es eine derartige Vielzahl von Coaching-Angeboten gibt, sind die Angebote für die KlientInnen nicht leicht zu durchschauen. Ein Grund für das Chaos am Markt ist, dass der Begriff „Coach" nicht geschützt ist. Ursprünglich wurde dieser Begriff in den USA eingeführt. Jeder kann sich Coach nennen.

Beratungstätigkeit ist laut österreichischem Gewerberecht für Coaches an sich nicht erlaubt. Doch genau das tun diese Nicht-Profis! Dadurch entsteht ein Missbrauch. Auch viele Trainer und Berater bedienen sich dieses Ausdrucks. Die einen tun es aus Unwissenheit, die anderen in voller Absicht um Menschen anzulocken, welche Unterstützung von jemandem benötigen.

Die meisten Bewerber, die sich bei mir für eine Coachingausbildung interessieren, weil sie selber gerne Coach werden möchten, kommen mit hoher Motivation.
Sie wünschen sich eine fundierte Ausbildung, mit der es ihnen gelingt, anderen Menschen bei der Lösung ihrer Probleme zu helfen. Doch vereinzelt kommt es immer wieder vor, dass sich auch jemand für eine Art Ausbildung interessiert, welche ich bereits im Vorfeld ablehnen muss. Dies ist beispielsweise der Fall, wenn sich InteressentInnen nicht vorstellen können oder wollen, keine Tipps und Rat-

schläge zu erteilen. In solchen Fällen macht eine Ausbildung zum Coach keinen Sinn, da bereits die Grundvoraussetzung nicht gegeben ist.

Nicht alle Institute die Ausbildungen anbieten, gehen diesen Schritt und verzichten auf interessierte AnwärterInnen. Dies hat zur Folge, dass Menschen mit der falschen Einstellung zum Beruf ausgebildet werden und ihn in Folge auch dementsprechend praktizieren.

Dieses Phänomen stelle ich vor allem oft bei TrainerInnen, welche eine Ausbildung für Coaching machen wollen, fest. Sie sind es gewohnt, mit fachlicher Kompetenz zu überzeugen. Hier frage ich dann sogleich im Vorfeld der Ausbildung, ob es ihnen möglich ist, den „Schalter umzulegen"?

Das heißt im Klartext:

- das so genannte „Nicht Wissen" einzusetzen.

Scharlatane sind auch jene, die ihr Handwerkzeug nicht richtig oder gar nicht erlernt haben. Sie beherrschen wichtige Techniken nicht. Andere wiederum beherrschen zwar die Techniken, arbeiten aber mit Manipulationen, um den Klienten in eine gewünschte Richtung zu leiten, da sie annehmen, die Lösung für die Probleme des Klienten bereits erkannt zu haben.

Es finden sich Coaches, die im Bereich Hellsehen, Astrologie, Esoterik arbeiten. All jene sind mit Vorsicht zu genießen, da sie meistens wenig mit professioneller Coachingarbeit zu tun haben. Sie verstecken sich unter dem Deckmantel des Coachings, obwohl sie beispielsweise reines Handlesen betreiben.

Die im esoterischen Bereich tätigen „Coaches" nützen dabei oft Ängste von Hilfesuchenden und machen diese nicht selten mit esoterischen Praktiken abhängig. Der Trick dabei ist, die eigene Willenskraft selbst Probleme lösen zu können, den KlientInnen abzusprechen. Da müssen dann oft weit entfernte Sterne oder Geistwesen herhalten.

Gegen diese Art von Missbrauch des Vertrauensvorschusses von KlientInnen verwehre ich mich ganz besonders. Hier müsste ganz klar gesetzlich ein Riegel vorgeschoben werden.

Echtes Coaching hat zum Ziel, dass der Klient innerhalb kürzester Zeit seinen Weg alleine weiter beschreiten kann. Und zwar selbstwirksam und selbstverantwortlich. Wer es mit jemandem zu tun bekommt, der sich als eine Art Guru präsentiert und angibt, dass man nur mit seiner Hilfe und Tipps die Probleme lösen kann, der kann sich sicher sein, dass er bei einem Nicht-Profi oder Scharlatan gelandet ist.

Der Coach, der den Namen auch verdient

Zusammenfassend lässt sich festhalten, dass das Feld des Coachings zwar unübersichtlich ist, doch bei genauerer Betrachtung ist Ihnen inzwischen bestimmt auch schon aufgefallen, dass sich ein Coach klar von einem Trainer oder Berater unterscheidet.

- Bei professionellem Coaching ist der Coach nicht Experte der Probleme, mit welchen der Klient oder die Klientin auf ihn zukommt, sondern er kennt nur den Kontext dieser Probleme.

Das er bis ins kleinste Detail Bescheid weiß, ist auch nicht notwendig, da der Coach alleine für den Prozess des Coachings verantwortlich ist. Alleine damit ist er auf alles vorbereitet.

Beim Training hingegen wäre dies nicht möglich. Wenn Sie zu einem Fußballtrainer gehen und möchten, dass er ihnen die wichtigsten Techniken vom Basketball beibringt, wird dies nicht funktionieren.

TrainerInnen sind ExpertInnen für ein Fachgebiet.

Auch besteht die Abgrenzung vom Coaching zur Psychotherapie. Hier kann es im Einzelfall aber wie bereits geschildert, schwierig sein, den Klienten einem Fachgebiet zuzuordnen. Ein Coach darf nicht

mit psychisch labilen oder gestörten - ich vermeide ausdrücklich den Begriff „kranken" Personen arbeiten. Auch drängt er den Klienten nicht durch manipulative Art und Weise in eine gewünschte Richtung.

Leider gibt es aber genügend Scharlatane am Markt, die Techniken nicht oder nur unzureichend beherrschen. Also Finger weg von Coaches, die keine sind!

Ein Systemischer Coach muss die Ruhe und Gelassenheit haben, den Coachee zu vernünftigen Lösungen zu verhelfen, ohne ihn dabei zu drängen.

- Ein echter Coach gibt keine Ratschläge. Er belehrt nicht, sondern macht sich mit Ihnen gemeinsam auf die Suche nach Zielen und Lösungen.

2. Systemisches Kurzzeit-Coaching

Nachdem Sie nun die Abgrenzung von Coaching zu anderen Arbeitsbereichen kennengelernt haben, stellt sich nun die Frage:

- was „systemisches Kurzzeit-Coaching" genau ist.

Denn wenn von echtem Coaching gesprochen wird, ist zumeist systemisches Coaching gemeint.

„It´s simply but not easy.", sagt de Shazer zum systemischen Kurzzeit-Coaching.

Wie der Name bereits vermuten lässt, geht es bei dieser Form des Coachings vor allem um die Kürze.

Ziel es ist innerhalb kurzer Zeit, ohne Umwege zu Ergebnissen zu gelangen. Durch minimalen Aufwand, soll maximale Wirkung erzielt werden. Das klingt schon mal nicht schlecht!

Dem Begriff des systemischen auf die Schliche zu kommen ist wiederum nicht so einfach. Dies werde ich versuchen Ihnen nahe zu bringen.

Weiteres stelle ich Ihnen die beiden wichtigsten TeilnehmerInnen des Coachings vor:

- Den Coach und Sie selbst- den Coachee.

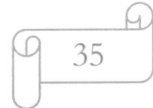

Einstellungen vom Problem bis hin zur Lösung werden behandelt. Es geht darum, welche Probleme behandelt werden, wie das Ziel gefunden wird und wie sich der Weg zur Lösung gestaltet.

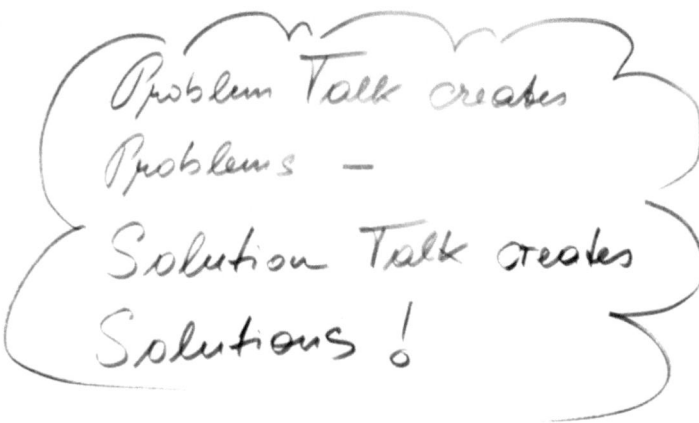

Ich werde Ihnen zeigen, warum Coaching so erfolgreich ist, was sich dadurch verändert und wie es dem Coach gelingt, Sie auf die Spur zur Lösung Ihres Problems zu begleiten.

Ein kleiner Hinweis schon vorab:
- ein Problem kann man nur lösen, wenn man sich von ihm entfernt…

Denken Sie einmal darüber nach …

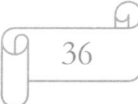

Systemische Grundhaltung

Systemische Arbeitsweise entstand aus verschiedenen geistigen Denkrichtungen und kommt heute in unterschiedlichen Formen vor. Auch hier finden unterschiedliche Coaches unterschiedliche Erklärungen. Der Grund liegt darin, dass keine einheitliche Theorie zu Grunde liegt.

Große Vordenker sind beispielsweise Steve de Shazer mit seiner Frau Insoo Kim Berg. Ihr Anliegen war es herauszufinden, was funktionierte und effektiv war. Anstatt im Vorfeld Theorien zu entwickeln, die sie im Anschluss überprüften, zogen sie ihre Schlüsse aus Beobachtungen. Dabei richteten sie die Aufmerksamkeit alleine auf die Lösung und nicht auf das Problem.

- Der Begriff *systemisch* lässt sich vom Wort „System" herleiten.

Systeme können beispielsweise Schulklassen, Familien, ArbeitskollegInnen oder Vereine sein. Entweder man ist Teil eines Systems oder eben nicht. Mitglieder eines Systems verbinden gemeinsame Regeln oder Kommunikationsmuster. Jeder Mensch ist aber auch Teil verschiedener Systeme.

So ist beispielsweise ein junger Familienvater tagsüber Teil des System „Arbeitswelt"

nach dem Job kommt er nach Hause zu seiner Fami-

lie, wodurch er in das System „Familie" wechselt und am Wochenende trifft er sich ab und zu mit seinen Kumpels wodurch er wieder Teil eines anderen Systems wird, nämlich des der „Freunde".

Jeder lebt in verschiedenen Systemen und das zur gleichen Zeit. Denken Sie nur daran, wie sich Ihr Verhalten verändert, wenn Sie gerade mit Freunden gemütlich zusammen sitzen und ihre Mutter ruft Sie an. Ihre Verhaltensweise wird sich von einer auf die andere Sekunde verändern. Ihre Körpersprache verändert sich, genauso wie auch Ihre Stimme. Wir passen unser Verhalten an das jeweilige System an, in dem wir uns gerade befinden. Wir können auch neue Verhaltensweisen erlernen, wenn wir in neue Systeme eintauchen.

Doch was haben nun diese Systeme mit Coaching zu tun? Jedes Verhalten eines einzelnen Mitglieds eines Systems hat Auswirkung auf das Verhalten der anderen Mitglieder. Dieser ständige Wechselwirkungsprozess führt dazu, dass bereits kleine Veränderungen an einer Stelle des Systems zu großen Veränderungen im ganzen System führen können.

An diesem Punkt setzt nun systemische Coaching an. Es sieht die Gesamtheit und die Komplexität des Systems in dem das Problem auftritt. Durch Neueinstellungen der Sicht- und Handlungsweisen der Mitglieder - oder auch nur eines Mitglieds - verändert sich das des Systems, in dem das Problem angesiedelt ist.

Der Coach soll übrigens nicht Teil des Systems sein, in dem Ihr Problem besteht. Er ist Außenstehender, der erst durch die Erzählungen des Coachees Einblick in die Zusammenhänge erhält. Wir Coaches nennen diese Funktion „allparteiisch".

Systemisches versus lineares Denken

Beim systemischen Kurzzeitcoaching wird von systemischen Denkweisen ausgegangen. Im Zentrum beim systemischen Ansatz steht, wie bereits beschrieben, das System. Der systemische Ansatz geht immer von einer Mitverantwortung des Klienten an der jeweiligen Situation aus. Alle Sichtweisen der Beteiligten werden respektiert und der Coach versucht mit Ihnen gemeinsam die Wirkungszusammenhänge zu explorieren. Denn alles ist miteinander vernetzt. Und alles hat Einfluss auf alles. Es geht nicht um die Suche nach dem Schuldigen, denn es sind immer mehrere daran beteiligt, dass ein Problem entsteht. Es ist eine Suche nach Mustern und Zusammenhängen, die zu dem Problem geführt haben. Der Konflikt wird als Chance oder Herausforderung betrachtet und das Denken ist ausschließlich auf das Ziel gerichtet.

Der Gegensatz zum systemischen Denken ist lineares Denken. Dieses wird vom Coaching völlig abgelehnt, da es das Problem in den Mittelpunkt stellt. Probleme werden analysiert, mit dem Ziel einen Grund oder Schuldigen zu identifizieren. Durch diese Herangehensweise wird auch gleichzeitig die Mitverantwortung an der jeweiligen Situation abgegeben. Der Konflikt wird nicht als Chance interpretiert, sondern als Bedrohung. Wechselwirkungen

werden überhaupt nicht beachtet und die Komplexität des Problems ignoriert.

Tabelle: linear / systemisch

LINEARES DENKEN	SYSTEMISCHES DENKEN
tendiert zu:	bemüht sich um Wahrnehmung von
analysieren	vernetzen
Angriff, Verteidigung	Respekt aller Sichtweisen
Ursachen	Zirkulären Prozessen
Betonung des Trennenden	Betonung des Ver-bindenden
Festen Standpunk	Sichtweisen – pro-zessorientiert
problemorientier-tes Handeln	Zieldenken
Schuldzuweisung	Mitverantwortung

Lassen Sie mich den Unterschied dieser beiden Denkweisen anhand eines Beispiels verdeutlichen:

Ein Klient schildert folgende Situation: *„wenn ich nach Hause komme und meine Frau ist schlecht drauf gehe ich ins Gasthaus und trinke viel Alkohol".*

Darauf die Reaktion seiner Frau: *„weil er so oft trinkt, bin ich schlecht drauf!"*

Es geht nicht um richtig oder falsch. Es geht um Auswirkungen. Ziele im Mittelpunkt - nicht die Ursache oder die Vergangenheit. De Shazer meint dazu: *„Problem talk creates problems. Solution talk creates solutions".*

Wer nur über Probleme redet wird diese intensiver erleben und sich auf die Probleme konzentrieren. Wer sich allerdings mit der Lösung beschäftigt, wird dieser immer näher kommen.

Bestimmt haben Sie schon mit Freunden gesprochen und festgestellt, dass sich trotz hin und her wälzen des Problems wenig verändert. Sie haben bestimmt auch schon versucht, Probleme selber zu lösen und sich selbst gefragt warum es so schwierig ist, Lösungen zu finden. Es ist ein Unterschied, ob man Antworten nur denkt oder laut ausspricht.

Werfen wir einen Blick auf unseren Gesprächspartner im Coaching, den Coach. Was macht ihn so besonders, dass es gelingt, dass sich unsere Probleme mit denen wir uns vielleicht schon seit Jahren beschäftigten, plötzlich lösen können?

Die Rolle des Coaches

Damit systemisches Coaching funktionieren kann, ist die richtige Einstellung des Coaches enorm wichtig. Seine Aufgabe ist es verschiedene Rollen einzunehmen, um den Coachee durch den Prozess professionell zu begleiten. Dabei hat er keinen Respekt vor dem Problem. Auch wenn dieses kompliziert erscheint, bleibt die Rolle des Coaches immer dieselbe. Jede dieser Aufgaben, die ich Ihnen vorstellen werde, muss er voll und ganz beherrschen und umsetzen, damit es zu einem erfolgreichen Coaching kommen kann.

Der Nicht-Wissende

Er nimmt die Rolle des Unwissenden ein. Das bedeutet, er ist offen gegenüber dem was der Klient ihm erzählt. Selbst wenn er Ideen hat, wie die Lösung des Problems aussehen könnte, liegt es in seiner Verantwortung diese nicht preis zu geben. Er muss professionell genug sein um dem Coachee die Lösungsfindung selber zu überlassen. Sich selber zurücknehmen können, mit Tipps und Beratungen. Dazu muss er viel Geduld mitbringen. Diese Haltung bringt den Coachee dazu, selber Verantwortung und ein Selbstdenken zu übernehmen. Um sicher zu stellen, dass er den Klienten richtig verstanden hat verwendet er zB. die Technik des Paraphrasierens. Dazu wiederholt er mit eigenen Worten, was der Coachee gesagt hat.

Der Außenstehende

Seine Aufgabe ist es, eine neutrale Außenperspektive einzunehmen. Als Außenstehender gelingt es ihm, den Überblick zu behalten. Der Coach muss von einer Metaebene die Dinge in ihrer Gesamtheit erfassen und sich dabei nicht ins System hineinziehen lassen. Wichtig für den Coach ist, dass er sich geistig und emotional von den Problemen seiner KlientInnen distanzieren kann. Es sind nicht seine Probleme. Er darf sich nicht von den Problemen des Coachees vereinnahmen lassen. Durch seine Arbeit ist er mit unterschiedlichen Problemen beschäftigt. Verschiedene Kunden kommen mit unterschiedlichsten Problemen, von denen das eine oder andere auch persönlich berührt. Doch der Coach muss sich seiner Professionalität bewusst sein und emotionalen Abstand einnehmen. Diese Fähigkeit erlernt der Coach in seiner Ausbildung, sofern er dies nicht schon vorher auf Grund seiner sozialen Kompetenz besitzt. Wir nennen diese Technik Durchgängigkeit - das heißt, das Problem spüren, es aber gleichsam durchgehen zu lassen. Dieses Problem ist nicht das Problem des Coaches – daher resultiert die Einstellung des Coaches:

- kein Respekt vor dem Problem, aber hohen Respekt vor dem Coachee!

Früher sprach man in der Psychotherapie und im Coaching von Abgrenzung. Doch durch Abgrenzung ist ein Hineinfühlen in ein Problem kaum möglich. Es wirkt auch eher kühl dem Coachee gegenüber.
Besser ist „Durchgängigkeit". Allerdings braucht die Technik auch den Mut des Coaches.

Der Begleiter
Der Coach nimmt die Rolle des Begleiters ein. Coach und Coachee sind somit gleichberechtigte Partner. Es gibt keine Hierarchie, in der der Stärkere dem Schwächeren hilft. Es handelt sich um die Zusammenarbeit von zwei Experten. Sie selbst sind Experte Ihres Problems und dadurch auch Experte dieses zu lösen. Der Coach hingegen ist Experte, der die Verantwortung für den Prozess während der Sitzung übernimmt. Er führt Sie mit Fragetechniken und professionellen Methoden und so genannten Interventionen durch die Stunde.

Der Geduldige

Eine weitere Fähigkeit, die ein Coach unbedingt beherrschen muss ist bedingungsloses Hin- und Zuhören – besser noch die richtige Empathie zu haben. Er soll den Coachee in seinem Erzählen wenig unterbrechen oder das Geschehen bewerten. Braucht der Klient Zeit um eine Antwort auf seine Frage zu finden, muss er diese Stille ertragen können und dem Coachee die Zeit geben, Antworten auf Fragen zu finden. Dies gelingt, wenn er Vertrauen in die Lösungsfähigkeit des Klienten hat

Der Unparteiische

Seine Aufgabe als Coach ist es eine unparteiische Position einzunehmen. Er schlägt sich nicht auf die Seite des Klienten in dem er beispielsweise die Opferrolle des Klienten bestätigt und ihm bestätigt, dass sich andere Personen fehlverhalten. Genauso wenig verteidigt er im System beteiligte Personen. Er ist stets ein neutraler Beobachter. Dies gilt auch für Paar- oder Teamcoaching, in dem er mit mehreren Teilnehmern gleichzeitig arbeitet. Auch hier ergreift er keine Position für oder gegen jemanden. Durch dieses Verhalten gelingt es Vertrauen zu schaffen. Er braucht die Fähigkeit, alle Standpunkte zu akzeptieren. Sollten Probleme innerhalb einer Gruppe entstehen, ist er Experte für Konfliktmanagement – und das sollte gelernt sein!

Das alles sind hohe Anforderungen an den Coach was seine Fähigkeiten und sein Verhalten betrifft. Er muss die eben erwähnten unterschiedlichen Rollen einnehmen können. Gelingt es dem Coach, diese Grundhaltungen zu vereinen, ist er in der Position, seinen Klienten professionelles Coaching anzubieten.

Coaching geht trotz allem nicht spurlos an dem Coach vorbei. Schließlich ist jeder Coach auch nur ein Mensch. Es verändert ihn. Bei jedem Coaching lernt auch der Coach selbst. Er lernt sich auf eine Metaebene zu stellen, sich in Menschen hineinfühlen, erweitert den Horizont und lernt tolerant zu sein. Er lernt präzisere Fragen zu stellen, besser auf den Punkt zu kommen und erweitert sein Wissen.

Aus meiner Praxis kann ich sagen, dass Menschen die eine Coaching-Ausbildung machen, grundsätzlich Menschen sind, die anderen zu Lösungen verhelfen möchten. Auffällig ist, dass die TeilnehmerInnen vermehrt aus dem sozialen Umfeld stammen. Viele haben bereits als TherapeutInnen, LebensberaterInnen, PsychologInnen oder auch ÄrztInnen gute Voraussetzungen für professionelles Coaching.

Der Klient als Experte

Die Hauptperson im Coaching ist ohne Zweifel der Klient oder Coachee. Sein Anliegen steht im Mittelpunkt.
Wie bereits erwähnt ist der Klient Experte seines eigenen Problems. Nur er kennt sich in dem System, in dem das Problem besteht aus. Nur er kennt die Zusammenhänge etc. Der Coach vertraut auf die Ressourcen die der Klient mitbringt. Dadurch erhält der Coachee Selbstbewusstsein.

Ein Coach bringt einen starken Glauben an den Klienten mit. Er vertraut auf die Ressourcen des Klienten und ist ständig damit beschäftigt diese aufzuspüren. Er baut auf die Stärken auf, wodurch das Selbstbewusstsein des Klienten gestärkt wird. Die Lösungsfindung wird dem Klienten weitgehend alleine überlassen. Er trägt die Lösungen bereits in sich, doch er benötigt die Unterstützung diese auch aufzuspüren.

Der Klient arbeitet. Es werden keine Fehler oder Defizite gesucht. Bisherige Fehler werden nicht kritisiert.

Wichtig ist, dass er oder sie sich aus freiem Willen für das Coaching entscheidet. Bereits der Schritt, die Entscheidung zum ersten Treffen zu gehen, ist schon der Beginn gewohnte Verhaltensmuster zu unterbrechen und sich dem Ziel zu nähern.

Immer wieder kommt es in der Praxis vor, dass Chefs es für nützlich halten in regelmäßigen Abständen ihre Mitarbeiter zu einem Coaching zu schicken. Nach dem Motto: „Kann ja nicht schaden." Auch Lebenspartner entscheiden in nicht seltenen Fällen, dass der Partner ein Coaching nötig hätte. Systemisches Coaching kann nur funktionieren, wenn der Klient aus freiem Willen der Überzeugung ist, dass ihm Coaching helfen kann. Coaching kann nur funktionieren, wenn der Klient sich selbst für diesen Schritt entschließt, weil es sein eigenes Bedürfnis ist.

Manche KlientInnen tun sich sehr leicht dem Coach Ihre Probleme zu schildern und Fragen ausführlich zu beantworten. Man spricht auch von offensiven Kliententypen. Im Gegensatz dazu gibt es die defensiven, die schwierig aus der Reserve zu locken sind. Sie erzählen weniger frei und offen über ihre Probleme und Wünsche. Zu welchem Typ Sie gehören, ist bei der Lösung Ihres Problems nicht entscheidend, da ein professioneller Coach genau weiß wie es ihm gelingt Ihr Vertrauen zu gewinnen und Sie der Lösung des Problems näher zu bringen.

Jeder Klient ist ein Individuum, einzigartig und so muss er auch behandelt werden.

So lange ein System besteht – hat es Ressourcen!

Vom Problem bis zur Lösung

Im Zentrum des Coaching geht es um die Bearbeitung eines Problems. Welches dieses ist, bestimmen alleine Sie. In meiner Coach-Karriere sind mir KlientInnen aus den unterschiedlichsten Bereichen begegnet mit unterschiedlichsten Problemen. Angefangen von Problemen bei Jugendlichen, Jobproblemen bzw. Neuorientierung, Partner oder Beziehungsprobleme, Konflikte im privaten sowie im beruflichen Bereich bis hin zum Managementbereich in Firmen und Institutionen.

Was Menschen sehr oft beschäftigt, sind Themen aus Beruf oder Privatleben. Menschen sind auf der Suche nach der eigenen Identität, leiden unter Leistungsdruck, stehen großen Veränderungen gegenüber oder möchten dem Stress im Alltag entkommen.

3 Teilbereiche des Coachings nach Radatz sind:
- Beruf: Karriere, Berufswahl, Wechsel, Motivation
- Organisation: Entscheidungsfindung, neue Leistungen
- Privatleben (Harmonie, Familie, Freizeit, Abnabelung)

Bei der Behandlung eines Problems durch Coaching, ist die Voraussetzung, dass die Person welche Hilfe sucht, voll handlungsfähig ist (siehe Kapitel 1). Ist diese Voraussetzung erfüllt, kann theoretisch jedes Problem Teil der Coaching-Einheiten sein. Jedes Problem ist dabei völlig individuell. Genauso wie die Lösungsfindung ebenfalls einzigartig ist. Daher gibt es keine Standardlösungen. Immer wieder zeigt sich, dass Probleme, die in der Anfangsbeschreibung ähnlich erscheinen, völlig verschiedene Lösungswege benötigen, um den Klienten von seinem Leidensdruck zu befreien.

Das lässt sich leicht dadurch erklären, dass die Probleme ja unterschiedlich entstanden sind. Auch wenn sie in ihrer Erscheinungsform vielleicht ähnlich wirken. Ich denke da zum Beispiel an Scheidungen und so genannte Rosenkriege. Am Ende geht es oft um Kapitaltrennung, Existenzängste, emotionale Verletzungen. Hier sind oft beide Partner bereits Verlierer. Die Entstehung dieser Situation ist bei jedem Paar ganz individuell.

Nachdem das Problem identifiziert ist, sollte der Fokus sehr schnell auf das Ziel gerichtet werden.
Dabei muss ein Ziel zunächst identifiziert werden. Es sollte dabei eher nicht zu gross gegriffen sein. Dadurch bleibt es realistisch und für den Coachee

auch erreichbar. Zu groß gesteckte Ziele bleiben unerreichbar und demotivieren. Falls das Endziel ein sehr großes ist, besteht auch die Möglichkeit dieses in mehrere Teilziele zu zerlegen um bei der Erreichung dieser kleineren Ziele motiviert zu bleiben.

Das Ziel kann sich im Laufe des Coachings verändern. Durch die Veränderung der Perspektive und durch mehr Bewusstsein zum Problem kann es der Fall sein, dass man erkennt, dass hinter dem zu Anfang formulierten Ziel ein ganz anderes steht. Beispielsweise können Jobprobleme auch mit partnerschaftlichen Problemen zu tun haben.

Dies ist ein ganz typischer Prozess, den ich immer wieder in der Praxis beobachten kann. Ziele verändern sich, daher muss zugelassen werden, neue Ziele zu formulieren und mit diesem neuen Ziel weiter zu arbeiten.

- Ohne klares Ziel kann es auch keine vernünftige Lösung geben.

Ein möglichst detailliertes Bild zu beschreiben, kann dabei sehr hilfreich sein.

Ziel eines erfolgreichen Coachings ist es, eine Lösung für das jeweilige Problem des Coachees zu erlangen. Es gibt nicht nur eine einzige richtige Lösung, die es zu finden gibt. Es gibt unterschiedliche

Arten von Lösungen - die eine mag eleganter als eine andere sein, doch die objektiv richtige Lösung gibt es nicht.

Wie Bernd Brecht schon erkannte: *„Es geht auch anders, aber so geht es auch!"*

wenn etwas gut geht,
mach mehr davon!

—— • ——

wenn etwas nicht geht,
mach etwas anderes!

Was sich durch Coaching verändert

Es geht beim systemischen Kurzzeitcoaching nicht darum, möglichst viele Veränderungen in möglichst kurzer Zeit zu schaffen. Oft reicht bereits eine kleine Veränderung in unserem Handeln und Denken aus, um große Veränderungen in Bewegung zu setzen. Wie der kleine Stein, den man ins Wasser wirft. Der Stein löst eine kleine Wasserbewegung aus, die immer größere Kreise schlägt und schließlich eine riesige Wasseroberfläche in Bewegung versetzt. Und das, obwohl der kleine Stein bereits längst auf dem Grund des Sees versunken ist. Coaching ist wie dieser Stein.

Durch unsere Erfahrungen entwickeln wir Menschen Methoden, Taktiken und Gewohnheiten, die sich so wie es scheint, bewährt haben. Und die wir dadurch immer wieder wiederholen. Menschen handeln in ihren Mustern, die sie selbst entwickelt haben. Lieb gewonnene Gewohnheiten ablegen fällt zunächst schwer.

Coaching stellt diese gewohnten Verhaltensweisen in Frage:
- wodurch wir diese unter einer
neuer Perspektive betrachten und neu bewerten.

Dadurch stellt sich heraus, dass das eine oder andere nicht den gewünschten Erfolg verspricht, den wir uns erwartet haben.

Durch dieses in-Frage stellen verändern wir Denk- und Handlungsweisen. Dabei können kleine Schritte eine große Veränderung bewirken. Wie der kleine Stein von zuvor.

Wir verändern persönliche Handlungsmuster, entwickeln neue Sicht- und Handlungsweisen.
- Jede einzelne unserer Veränderungen hat Einfluss auf die Mitglieder des betroffenen Systems.

Veränderungen passieren in kleinen Schritten. Nicht von heute auf morgen. Verhalten, dass sich eingeschlichen hat, zur Gewohnheit geworden ist, ändert sich nicht plötzlich.

Wie schon Albert Einstein erkannte, kann man ein Problem nicht mit derselben Art des Denkens lösen, welche zu dem Problem geführt hat.

- Doch bereits das Erreichen von kleinen Teilzielen gibt Selbstbewusstsein.

Das Wissen, das man es aus eigener Kraft geschafft hat, erleichtert den Abschied von bisherigen Glaubenssätzen!

Methoden

Um zu erfolgreichen Ergebnissen zu gelangen, braucht es natürlich auch ein geeignetes Handwerkszeug.

- Systemisches Coaching geschieht mit verschiedenen Coaching-Werkzeugen.

Diese sind darauf ausgerichtet, innerhalb kurzer Zeit zu lösungsorientierten Ergebnissen zu gelangen. Die wichtigsten Methoden stelle ich Ihnen hier vor.

- gute Fragen fragen…

Was müsste
geschehen?

Wie sieht ihr
Freund …..

was haben sie
bisher getan?

Das bedeutendste **Coaching Werkzeug** ist wohl die Sprache.

- Strukturierte Gesprächs- und vor allem Frage und Feedbacktechniken.

Der Coach ist Experte darin, die richtigen Fragen zum richtigen Zeitpunkt zu stellen. Denn bereits feine Unterschiede in der Fragestellung bewirken einen großen Unterschied in der Reaktion. Durch systemische Fragetechniken wird derjenige zum Denken angeregt, dem die Fragen gestellt werden.

Fragen zu stellen dient nicht nur der Informationsgewinnung, sondern ist auch gleichzeitig dazu da, neue Informationen zu schaffen. Neues Wissen wird zum Vorschein gebracht.
Alte und gewohnte Denkmuster und Handlungsweisen werden dadurch in Frage gestellt und neu überdacht. Auch hierbei geht es wieder um effektive zielorientierte Fragen, die keine Zeitverschwendung sind. Es geht nicht darum, zu plaudern, zu erzählen oder gar um Neugierde, sondern um Effektivität.

Durch die Auswahl der Fragen wird der Blickwinkel des Klienten geöffnet oder verändert. Andere Blickwinkel können wiederum bewusst ausgeschlossen werden. Systemische Fragen erweitern die Komplexität, indem sie Denkprozesse des Klienten auslösen und neue Informationen schaffen. Eigene Ziele, Ressourcen und Lösungsmöglichkeiten werden dadurch erst bewusst.

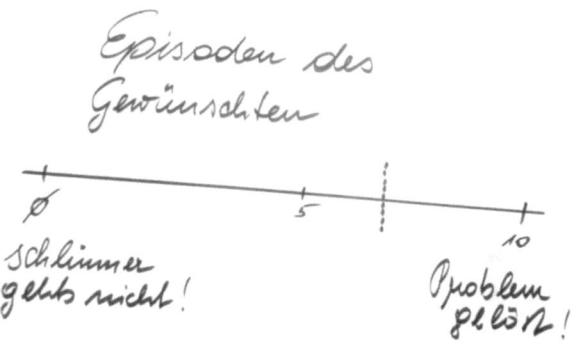

Systemische Fragen sind meist offene Fragen, die zum Denken anregen sollen und dadurch der Lösung näher kommen.

Dabei wird die Perspektive häufig gewechselt. Durch diesen Perspektivenwechsel beschreibt der Klient nicht nur sein eigenes Empfinden, sondern versetzt sich auch in die Rolle von Beteiligten, gegebenenfalls sogar in jene von Außenstehenden.

Wir Systemische Coaches nennen das „Zirkularität".

Je nachdem was und wie gefragt wird, schafft der Coach eine spezielle Stimmung. Dadurch kann das Setting lustig, nachdenklich, sachlich oder wohlwollend gestaltet werden.

Gute Fragen führen zu guten Antworten. Keine Angst vor Fragen, die Sie nicht beantworten kön-

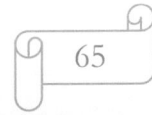

nen. Ihr Coach wird andere stellen. Besonders Fragen, die Sie als schwierig empfinden und auf die Sie nicht direkt eine Antwort wissen, sind effektiv. Denn sie regen zum Nachdenken an.

Suggestivfragen sind auf keinen Fall Teil eines professionellen Coachings. Hier handelt es sich um jene Fragen, mit denen der nicht professionelle Coach den Coachee auf den „richtigen Weg" bringen möchte.
Beispiel: „sind Sie nicht auch der Meinung, dass Ihre Mutter hier unrichtig gehandelt hat?". Dies entspricht nicht dem systemischen Coaching-Prinzip.

Die Rolle des „Zuhörers" ist ebenfalls wichtig. Er hat einen ebenso großen Einfluss auf das Gespräch, wie der, der spricht. Durch Sprache bekommt der Klient ein Bild von dem, wie seine Lösung aussehen kann.

Imaginative Methoden

Zu dieser Methode gehören Metaphern, Symbolisierungen oder Personifizierungen.

Ein klassisches Beispiel dieser Methode ist die
- „Wunder-Frage".

Hierzu wird der Klient aufgefordert, sich vorzustellen, dass unerwartet ein Wunder geschehe und die Lösung seines Problems über Nacht geschehen sei. Er wird aufgefordert zu beschreiben, was sich verändert hat, wie es sich anfühlt, etc.

Durch diese Vorstellung werden Lösungsbilder hervorgerufen. Durch die Phantasie wird ein Bild der Lösung erzeugt. Wichtig dabei ist, dass der Coach diese Erzähl- und Fragetechnik gut beherrscht und sehr sorgfältig formuliert.

Darstellende Methode

Nicht zu unterschätzen ist auch die darstellende Methode.

Besonders verschiedene Formen von Aufstellungsarbeiten und Externalisierungen wie beispielsweise das Systembrett, Inneres Team, Walt Disney Methode, Tetralemma, Skalierungen, Timeline, etc. werden hier eingesetzt.

Herkunft des Systembretts
Bild: Rimser, Bolt

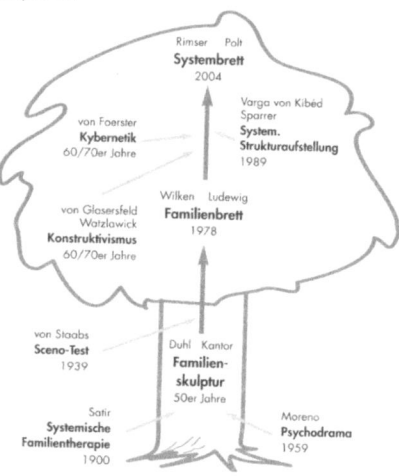

Ein Beispiel eines sehr erfolgreichen Einsatzes dieser Methode war ein Manager, dessen Betrieb sehr schnell gewachsen ist und er sich dadurch völlig überfordert fühlte. Obwohl das Geschäft sehr gut lief. Mit Hilfe der Methode der Aufstellung sagte er

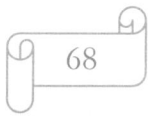

plötzlich „Stopp!". Er erkenne jetzt das Problem und die passende Lösung. „Ich habe den Wald vor lauter Bäumen nicht gesehen". Das geschah bereits nach dem ersten Setting mit einer Aufstellungstechnik

symbolische Darstellung einer IST oder Soll Situation. (Bild unterhalb)

Auch Formen des „Probehandelns" wie Rituale oder Aufgaben finden sich wieder.

Hypnotische Methoden [2]

Das Wort Hypnose löst bei Menschen die damit wenig bis gar nichts zu tun haben, oft die seltsamsten Assoziationen aus. Da sich um die Hypnose eine Menge Mythen und Vorurteile ranken.

Eine weit verbreitete Ansicht ist, dass wir uns durch die Hypnose völlig ausliefern und so eine Art Abhängigkeit erzeugt wird. Wir würden uns vom Hypnotiseur in einen Koma-ähnlichen Zustand versetzen lassen, in dem wir widerstandslos alles über uns Preis geben.

Oder uns zu Aussagen oder Handlungen überreden lassen. So kommt es oft vor, dass Menschen, die einer Sucht wie etwa dem Rauchen verfallen sind, sich erwarten, dass der Coach dieses Laster wie ein Magier weghypnotisieren kann. Das ist natürlich Quatsch, denn mit Zauberei hat der professionelle Einsatz hypnotischer Methoden rein gar nichts zu tun.

Hier geht es vielmehr darum, das bewusste Denken weitgehend auszuschalten. Als hypnosystemischer Coach arbeite ich gerne mit diesen Methoden. Voraussetzung ist allerdings, dass der Coachee diese Art von Coaching auch will. Ich kläre den Klienten

---

[2] Vgl.: Schmidt, Gunther: Einführung in die hypnosytemische Therapie und Beratung, S. 12; Kaiser Rekkas, Agnes: Klinische Hypnose und Hypnotherapie. Praxisbezogenes Lehrbuch für die Ausbildung, S. 18-27

immer genau auf, was ihn erwartet. Hier braucht es eine eigene Ausbildung des Coaches dazu.

- Im Zustand der Hypnose kommt es zu einer physischen und psychischen Entkrampfung.

Im Psychischen kommt es zu einem Zuwachs an Freiraum, der Spielraum für Handlungen wird vergrößert und die mentalen Bezugsrahmen weiter gesteckt.
Im Physischen bewirkt die Hypnose eine Lockerung der Muskulatur. Zu hoher Blutdruck kann sich senken. Der Puls sinkt meist wie in einem Schlafzustand, obwohl es keiner ist.

Es kann bei der Hypnose insgesamt zu einer Stärkung der Persönlichkeit kommen, da unbewusste innere Ressourcen gefunden werden. Dabei leitet der Coach den Coachee an, diese Ressourcen aufzuspüren. Er suggeriert diese nicht, sondern er regt an und ruft hervor.

Ganz nach dem Prinzip des Coachings entsprechend wird der Prozess dieser Auffindung von Ressourcen gesteuert, während der Coachee den Inhalt liefert. Diesen trägt er nämlich, wenn auch bisher nur teilweise oder gänzlich unbewusst, in sich.

- Die Hypnose verändert diese inneren Bilder und bringt geistige und seelische Prozesse, welche in Folge für Veränderungen bestimmter Krankheiten oder Probleme genutzt werden können, ins Fließen.

Das Ganze passiert in einem tranceartigen Zustand. Bewusste Kontrollmechanismen kommen nicht zum Tragen und daher ist es möglich, neben dem gewohnten Denk- und Handlungsmuster alternative Wege zu sehen.

Der Klient ist dabei aber wie bereits erwähnt, nicht in einem passiven oder – wie man oft meinen mag - gar schläfrigen Zustand, sondern er ist aktiv und in ganz besonderer Weise auf sein Inneres konzentriert.

Der Coachee beobachtet hochkonzentriert, was in seinem Inneren passiert und lernt Neues. Es gelingt ihm dadurch aus dem bekannten Bezugsrahmen auszubrechen und unbewusste Fähigkeiten und Kräfte, die ihn ihm schlummern, zu mobilisieren.

Die Hypnose verschafft neue Sichtweisen und kann daher zum Beispiel bestimmte Situationen neu bewerten, zukünftiges Verhalten verändern oder nach dritten Wegen zwischen Problem und Lösung suchen. Im Zustand der Hypnose können Sie also gemeinsam mit Ihrem Coach gewohnte Muster verändern, diese unterbrechen, hinzufügen oder sie miteinander zu etwas Neuem kombinieren.

Zentrale „Beratungs"-Prinzipien

Der systemische Ansatz bezieht alle Formen von Systemen mit ein. Der Coach ist dabei nicht im System, sondern gleichberechtigter Partner. Er ist der Experte für den Prozess und begleitet Sie bei der Lösungsfindung.
Er wird Ihnen niemals Ratschläge oder Lösungswege aufzeigen oder Sie in eine bestimmte Richtung drängen. Sollten Sie dennoch an einen Coach gelangen, der dies versucht: Hände weg, denn es ist „seine Richtung"!

• Das Um und Auf des Coaching kann in drei simplen Prinzipen zusammengefasst werden:

1. Wenn etwas kein Problem ist, löse es nicht!
2. Wenn etwas funktioniert, mache mehr davon!
3. Wenn etwas nicht funktioniert, mache etwas anderes!

Wenn etwas kein Problem ist, löse es nicht: es geht darum, aus etwas das bereits funktioniert, nicht künstlich ein Problem zu schaffen.

Wenn etwas schon mal funktioniert hat, wird es wieder funktionieren können. Finden Sie eine Möglichkeit, etwas Gelungenes zu wiederholen.

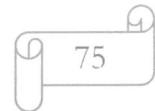

Wenn das auf die gegenwärtige Situation nicht übertragbar scheint, sollte man sich darauf konzentrieren, was in einer früheren Situation anders war, wo es funktioniert hat.

Der Coach nimmt eine Vielzahl von Rollen ein. Er ist Experte in der Prozessführung. Er führt den Klienten durch die Sessions. Der Coach konzentriert sich auf den Weg, auf den Prozess - der Coachee auf den Inhalt. Der Coach hat die Verantwortung über den Prozess während der Sitzung.

Am Beginn des Coachings steht ein Problem, das es zu lösen gilt. Wichtig ist hier vor allem auch die Wertschätzung. Der Coach muss den Klienten ermutigen und bestätigen, was bereits gut läuft. Es geht um positive Verstärkung. Er assistiert seinem Klienten auf einer Metaebene.

Durch detaillierte Fragen soll er in Folge herausfinden, was dem Klienten wichtig ist.

Der Coach muss Pausen ertragen können. Er soll Ressourcen aufspüren und allem voran das Problem ernst nehmen.

3. Ablauf des Coachings

„Kurzzeit-Coaching: Gut für den Klienten, schlecht für den Coach.“
(Steve de Shazer).

Nun haben Sie bereits einen Überblick darüber gewonnen, was Coaching allgemein bedeutet und wie es in groben Zügen abläuft.
In diesem Kapitel zeige ich Ihnen, was auf Sie wartet, wenn Sie sich nun für einen Coach entschieden haben. Besonders das erste Treffen ist von großer Bedeutung. Ich werde Ihnen auch zeigen, wie eine typische Einheit abläuft und was Sie in etwa erwarten wird.

Natürlich gibt es auch Spezialformen des Coachings, die in der Praxis Anwendung finden und sich teilweise immer größer werdender Beliebtheit erfreuen.
Sehr wichtig ist es mir auch in diesem Kapitel mit falschen Vorstellungen, mit denen Klienten immer wieder mal ins Coaching kommen, aufzuräumen.

Das erste Treffen

Das erste Treffen ist besonders bedeutsam. Es ist die erste persönliche Begegnung zwischen Coach und Coachee und bietet die Möglichkeit des Kennenlernens.
Vertrauen kann gebildet und aufgebaut werden. Gleichzeitig bietet es auch die Möglichkeit zu prüfen, ob die Zusammenarbeit von beiden Seiten möglich ist. Das bedeutet, ob Sie sich vorstellen können mit dem ausgewählten Coach zu arbeiten. Und umgekehrt, ob der Coach auch in der Lage ist, sich auf Ihre Probleme einzulassen.

• Das erste Treffen dient zur Klarstellung, welche Rolle beide Partner, also Coach und Coachee in dieser gemeinsamen Zeit einnehmen.
Dabei werden auch der Auftrag und das Ziel geklärt.

Der Coach verschafft sich einen Überblick über Ihr Anliegen. Sie beschreiben, um welches Problem es sich handelt. Beispielsweise den familiären oder beruflichen Kontext.
Die beteiligten Personen, die Anzahl derjenigen, die es betrifft, usw. Auch die Frage, woran Sie merken, dass das Coaching für Sie hilfreich sein würde.
Sollten Sie offene Fragen haben, werden Sie Ihnen beantwortet werden.
Sehen Sie das erste Treffen auch unbedingt als Chance an, um zu beurteilen, ob es sich bei dem

gewählten Coach um einen Experten seines Fachgebiets handelt.

Denn wie Sie bereits erfahren haben, gibt es viele Angebote, doch nur ein wirklicher Experte seines Faches wird Sie zu praktikablen Lösungen führen.

Wie Sie in Kapitel 4 noch kennenlernen werden, gibt es eine Menge an Werkzeugen, die ich Ihnen in die Hand legen werde, damit Sie in der Lage sind, bereits beim ersten Treffen zu erkennen, ob Ihr Gegenüber ein Experte ist.

Ich kläre auch im ersten Treffen den so genannten: Überweisungskontext ab. Das bedeutet, ob der Coachee aus eigenem Antrieb kommt, oder ob es jemand anderer als sinnvoll findet, ein Coaching zu besuchen. Dies kommt relativ oft bei Kindern oder Jugendlichen vor. Hier ist es notwendig die Sinnhaftigkeit eines Coachings gemeinsam mit dem „Überwiesenen" zu betrachten.

Weiters erkläre ich beim ersten Kennenlernen, was lösungsorientiertes Kurzzeit-Coaching genau bedeutet. Nur wenn der Coachee gut verstanden hat, was Coaching genau ausmacht, wird ein guter Einstieg gelingen.

Weiters informiere ich im Erstgespräch, dass alles, was in diesen Räumen besprochen wird, auch nicht an andere Personen weitergegeben wird. Mein Ehrenkodex.

Nicht zuletzt ist das erste Treffen auch wichtig, weil das erste auch gleichzeitig das letzte sein kann. Nicht so selten kommt es vor, dass Klienten bereits nach dem ersten Treffen gelöst nach Hause gehen, da sie einen Lösungsweg erkannt haben. Im besten Fall greift das Coaching so gut, dass es bei einem Treffen bleibt.
Ein Beispiel war ein Manager, der sehr schnell mit seinem Betrieb mitgewachsen ist und sich dadurch völlig überfordert fühlte. Obwohl das Geschäft sehr gut lief. Mit Hilfe der Methode der Systemischen Aufstellung. Plötzlich sagte er" Stopp". Er erkenne jetzt das Problem: „Ich habe den Wald vor lauter Bäumen nicht gesehen."

Das erste Zusammentreffen ist also ein wichtiger Grundstein für die weitere Zusammenarbeit. Doch lassen Sie mich Ihnen erklären, wie nun ein Coaching im Normalfall verläuft:

Was Sie erwarten können, wenn Sie das erste Mal zu einem Coaching gehen, zeige ich Ihnen im folgenden Abschnitt.

Manche Klienten wünschen sich wöchentlich zwei Settings, andere wiederum wollen monatlich ein Setting. Das hängt ganz von Ihrem eigenen persönlichen Empfinden ab.

Systemisches Kurzzeitcoaching dauert im Normalfall zwischen 1-5 Einheiten. Mitunter auch etwas länger. Manche kommen mit einer Sitzung aus, denn manchmal gelingt es bereits nach dem ersten Setting den Durchbruch zu erzielen.

Auch sind Sie nicht verpflichtet, bereits im Vorfeld anzugeben, wie oft Sie kommen möchten. Dies kann zu einem frühen Zeitpunkt schwer vorhergesehen werden. Denken Sie an Coachings, die bereits nach der ersten Einheit vorbei sind.

Ab auf die Couch?

Normalerweise nehmen Coach und Coachee beide eine sitzende Position ein.
- Sie sitzen sich gegenüber oder sitzen schräg zueinander.

In jedem Fall sollte es für beide Partner angenehm sein. Sie sind weder bei einem Verhör, noch bei einem Psychiater oder Psychotherapeuten auf der Couch. Sie beide sind gleichberechtigte Partner, was durch diese Grundhaltung betont wird. Sie sind zwei Partner, die auf gleicher Höhe kommunizieren.

- Zwei Experten. Der eine für den Prozess, der andere für den Inhalt.

Manche KlientInnen kommen mit der Vorstellung zu mir, dass sie auf einer Couch liegen werden, so wie sie es von mancher Psychotherapie vermuten.

Bei der sitzenden Position wird es aber in den meisten Fällen nicht bleiben. Es kann sein, dass Sie Ihr Coach immer wieder im Rahmen verschiedener Interventionen zu diversen Tätigkeiten „einladen" wird. Beispielsweise Karten beschriften und auf den Boden legen, oder eine bestimmte Körperhaltung einzunehmen, oder sich im Raum wo anders hin zu begeben.

Dies kommt auf die Methoden an, die Ihr Coach anwendet.

Ich zB. verwende gerne 2 Räumlichkeiten:

- Einen Raum für Gespräche im Sitzen in gemütlicher Atmosphäre.
- Einen anderen Raum, ausgestattet mit kleinen Tischen, Flipcharts, genügend freier Bodenfläche und einigen Sesseln.

Dieser Raum wird eben für besondere Interventionen wie: Systembrett, Tischaufstellung, Walking the Time Line, Flipchart etc. genutzt.

Aufgabe zwischen den Settings

Häufig schließt die Stunde mit einem kleinen Experiment am Ende. Das Experiment ist eine Art kleine Aufgabe, die bis zum nächsten Treffen umgesetzt oder probiert werden soll. Grund dafür ist, dass die tatsächlichen Veränderungen zwischen den Coaching-Einheiten stattfinden, nämlich im Alltag.

Das Experiment ist dazu da, neues auszuprobieren. Durch das Coaching wurden Denkprozesse in Gang gesetzt, mehr Bewusstsein geschaffen und durch die Aufgabe sollten Veränderungen auch im Alltag umgesetzt werden. Es geht darum, Kleinigkeiten zu verändern, nie große Dinge. Wer beispielsweise mit dem Rauchen aufhören möchte, wird nicht die Aufgabe bekommen bis zum nächsten Treffen keine Zigarette mehr anzugreifen. Die Aufgaben sind so gewählt, dass sie mühelos umgesetzt werden können. Sie sehen dadurch, dass Sie bereits etwas geschafft haben und erhalten dadurch die Motivation weiter zu machen.
Kleine Aufgaben können beispielsweise bei jemand, der es nicht schafft die Wohnung sauber zu halten, sein, dass er den Schreibtisch soweit aufräumt, dass er wieder darauf arbeiten kann.
Wünsche des Klienten werden durch Fragen zuvor im Coaching herausgefunden und das Experiment

daran angepasst. Sie beruhen auf selbst getätigten Aussagen.

Beim nächsten Treffen wird es unter anderem darum gehen, wie es Ihnen bei der Aufgabe ergangen ist. Es geht darum, Klienten nicht mit Dingen zu überfordern, die sie sowieso nicht schaffen. Kleine Erfolge bringen den Klienten dem Ziel näher. Muster werden durch kleine Veränderungen unterbrochen.

- Kleine Schritte in Richtung einer Lösung werden bei diesen Experimenten ausprobiert. Dadurch wird Veränderung in Gang gesetzt.

Besondere Formen des Coachings

Neben diesen üblich ablaufenden Meetings, die im vorigen Kapitel beschrieben wurden, werden auch noch Spezialformen des Coaching angeboten. Nicht jeder Coach bietet allerdings alle Formen des Coachings an. Nachfragen lohnt sich also. Auch gibt es hier wieder Experten, die sich auf die eine oder andere Form spezialisiert haben.

In diesem Kapitel finden Sie eine typische Aufzählung von üblichen Coaching-Einheiten, so wie Sie sie bei mir oder den meisten anderen Coaches vorfinden werden. Natürlich gibt es auch noch leichte Abwandlungen.

- Jeder Coach ist natürlich auch ein Individualist und entwickelt im Laufe der Zeit Vorlieben.

So kann es etwa sein, dass Sie auf einen Coach treffen, der nur Gesprächsführung ohne andere Interventionen anwendet.

Arbeiten mit Gruppen und Teams

Zumeist findet systemisches Coaching mit Einzelpersonen statt.
- Doch auch Gruppen und Teams profitieren von Coaching-Einheiten.

Vor allem Team-Workshops werden immer beliebter.

Eine Gruppe oder ein Team besteht aus mehreren Personen mit gemeinsamen Interessen. Dies können beispielsweise Arbeitskollegen sein. Die Mitglieder beeinflussen sich gegenseitig und streben meist nach gemeinsamen Zielen.

Mitglieder kommen gemeinsam zum Coaching. Bis zu 10 Personen sind bei mir während einem Setting möglich. Dabei ist darauf zu achten, dass möglichst alle Mitglieder bei dem Setting dabei sein sollen. Schließlich betrifft die Situation alle Mitglieder. Keiner soll ausgeschlossen werden.

Inhaltlich kann es bei dem Coaching z.B. um das Erarbeiten einer gemeinsamen Vision gehen oder die Zusammenarbeit im Team wird thematisiert. Dabei werden die Ressourcen jedes einzelnen Teammitglieds genutzt. Ziel kann sein, gemeinsam ein neues Ergebnis zu produzieren. Durch die Aufgabe eine „Metapher" zu kreieren, wo das Team sich in seinem jetzigen Zustand befindet, können oft interes-

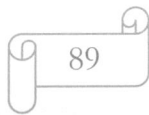

sante Rückschlüsse gezogen werden - z.B. „Merce-des ohne Motor. Optisch guter Eindruck, aber keine Leistung".

Ein Team kann aber auch eine Familie sein, welche Veränderungen im Zusammenleben erreichen möchte.

- Bei Gruppen oder Teams ist die Freiwilligkeit bei allen Mitgliedern nicht immer gegeben.

Der Coach kann hier Anregungen geben, er hat aber keine Entscheidungsgewalt. Gemeinsame Struktu-ren reflektieren und in Frage stellen. Kombination mit Einzelgesprächen?

Hot Shot Coaching [3]

Bei dieser Form des Coachings handelt es sich um eine sehr kurze Intervention. Es dauert maximal 15 Minuten und eignet sich besonders dann, wenn ein dringendes Problem im Raum steht, aber nur sehr wenig Zeit zur Verfügung steht. Dies kann bei-spielsweise auch über Telefon passieren. Zu meiner Praxis gehört diese Methode nicht. Es ist dann das Mittel der Wahl, wenn die Zeit knapp ist, um ein Problem und dessen Lösung in Ruhe anzugehen. Hier geht es darum, eine Verän-derung in Gang zu setzen, um die Zeit bis zum

---

[3] Vgl. Radatz, Sonja: Einführung in das systemische Coaching, S. 86-87

nächsten Gespräch zu überbrücken. Auch diese Form des Coachings ist wie ein „normales" Coaching-Setting aufgebaut, der einzige Unterschied liegt hier in der Länge.

Konfliktcoaching[4]

Hier stehen Probleme mit Mitmenschen im Vordergrund. Es geht darum, schlummernde oder bereits ausgebrochene Konflikte zu lösen. Es kann mit einer oder mehreren betroffenen Parteien durchgeführt werden.

- Der Coach agiert allerdings auch hier wieder in der gewohnten Coach-Rolle,

was bedeutet, dass er nicht als Richter, der zwischen richtig und falsch oder Recht und Unrecht entscheidet, arbeitet. Es gibt also kein Opfer und keinen Täter sondern nur um die Arbeit an der Lösung des Konflikts.

Jede Konfliktpartei ist immer nur in der Lage an sich selbst zu arbeiten, der andere kann nicht verändert werden. Doch wenn beide Parteien - oder gegebenenfalls mehrere Parteien - den Willen zeigen, gewohnte Verhaltensmuster zu überdenken, führt dies möglicherweise schon zur Lösung von Konflikten.

---

[4] Vgl. Radatz, Sonja: Einführung in das systemische Coaching, S. 91-96

Bottom-up-Coaching [5]

Beim Bottom-Up-Coaching geht es um ein Coaching „nach oben", was bedeutet, dass Vorgesetzte gecoachet werden.

- Die besondere Herausforderung eines solchen Coaching ist, dass der Vorgesetzte oft kein Problem damit hat, dass ein oder mehrere MitarbeiterInnen ein Problem mit ihm haben.

Aufgabe des Coachs ist es daher, die Führungskraft dazu zu motivieren, dass sie interessiert daran ist, an der Problemlösung mitzuarbeiten. Das gelingt durch die richtige Definition des Problems. Der Führungskraft soll klar werden, dass das Problem von größerer Tragweite ist und auch Auswirkungen auf sie selbst hat.

Ist dies geschafft, wird aus dem „Sie" ein „Wir". Chef und Angestellte arbeiten zusammen an einer Strategie, das gemeinsame Problem zu lösen.

---

[5] Vgl. Radatz, Sonja: Einführung in das systemische Coaching, S. 96-98

Falsche Vorstellungen

Nicht selten kommt es vor, dass mich Klienten aufsuchen, die bereits ein festes Bild von Coaching haben das nicht der Realität entspricht. Die häufigsten Irrtümer, die mir immer wieder begegnen, werde ich Ihnen hier vorstellen.

Der Coach als Problemlöser

Öfters kommen Klienten mit der Annahme zu mir, dass Sie ein Problem schildern und der Coach die Aufgabe übernimmt dieses zu lösen. Sie haben die Erwartung, dass sie sich zurücklehnen können, während der Coach Ihnen verschiedene Lösungsvorschläge anbietet, von denen sie sich eine für sie passende aussuchen können. Dieses Missverständnis gilt es schon beim ersten Treffen zu beseitigen.

Zeitliche Dauer

Manche Probleme erscheinen Klienten als dermaßen schwerwiegend, dass sie davon überzeugt sind, dass es viel Zeit brauchen wird um es auch nur ansatzweise zu lösen. In diesen Fällen ist die Belastung so groß, dass Klienten davon ausgehen, dass auch die Lösung mit viel Mühe und Zeit verbunden sein muss.
Ich hatte vor einiger Zeit einen Klienten, der zu mir kam, weil er sich im Beruf überfordert fühlte. Seine

Vorgeschichte war, dass er innerhalb kurzer Zeit die Karriereleiter in seinem Unternehmen hochstieg und sich diesen neuen Aufgaben nicht gewachsen fühlte.

Seine Sorge war, ob ich denn überhaupt genügend Termine für Ihn aufbringen könnte, da es ein schwerwiegenderes Problem wäre, mit dem er zu mir kommt. Er kam und wir begannen mit der ersten Stunde. Bereits im ersten Meeting sprang er plötzlich auf, bedankte sich und stellte fest, dass ihm nun alles völlig klar sei.

Wir besprachen anschließend gemeinsam den erkannten Lösungsweg und überprüften die realistische Erfolgsaussicht. Es blieb also bei diesem einen Setting und weitere Termine waren nicht mehr notwendig. Vor kurzem traf ich ihn durch Zufall wieder und es schien, als ob dieses eine Setting auch nachhaltig tatsächlich der Durchbruch gewesen ist. Die Selbsteinschätzung von Klienten ist daher manchmal schwierig, was die Länge betrifft.

- Lassen Sie sich also nicht von einem für Sie belastenden Problem abschrecken.

Zurückweisung

Wer ein Erstgespräch mit einem Coach vereinbart, sollte sich bewusst sein, dass er auch jederzeit die Möglichkeit hat, das Coaching mit diesem Coach auch wieder zu beenden.

- Wichtig ist, dass Sie sich wohlfühlen und den Eindruck haben, gut betreut zu werden.

Dabei spielt Sympathie eine wesentliche Rolle. Schließlich sprechen Sie über das, was Sie bewegt und belastet. Sie haben somit jederzeit das Recht zu entscheiden, ob der Coach zu Ihnen passt oder nicht.

Auch Sympathie alleine ist noch kein Garant für professionelles Coaching. Nützen Sie die Möglichkeit bereits frühzeitig zu beurteilen, ob Sie mit einem Experten zusammenarbeiten. Sollte der Coach Ihnen das Gefühl geben, nicht sicher genug in seinem Fach zu sein, dann lieber Finger weg! Viele Klienten glauben, dass die Entscheidung die sie getroffen haben bereits endgültig sein muss und dass ein anderer Coach genauso arbeiten würde. Wieso also wechseln? Doch ein Coach ist in erster Linie auch nur ein bestimmter Mensch mit bestimmten Eigenschaften. Sie haben die Chance, den für Sie geeigneten Coach auszuwählen.

Die perfekte Lösung

Ich erlebe es immer wieder, dass Klienten glauben, dass es für ihr Problem nur die eine wahre Lösung gibt. Irgendwo muss es sie geben, nur haben sie sie noch nicht gefunden.

- Diese Suche nach der einzig wahren Lösung ähnelt der Suche nach dem heiligen Gral.

Vor allem, da es die „eine" Lösung in diesem Sinne nicht gibt. Es existieren viele Möglichkeiten Probleme zu lösen. Die eine mag eleganter oder einfacher sein, die andere langwieriger oder anspruchsvoller. Beide können zu einem guten Ziel führen.

- Doch Ziel ist es, überhaupt eine Lösung zu finden.

Die Aufgabe ist es, für ein spezielles Problem die Lösung zu identifizieren, die in diesem Moment als die geeignetste erscheint. Was nicht bedeutet, dass es nicht auch anders geht. Diese Tatsache nimmt aber auch Druck vom Klienten, es vereinfacht die Suche, da es mehr Möglichkeiten gibt, als er zunächst annimmt.

Nur ein reifer Coach ist ein guter Coach

Ich höre immer wieder von meinen KlientInnen als auch von meinen Coaches, die bei mir die Ausbildung machen, dass ein gewisses Vorurteil gegenüber jungen Coaches besteht. Es wird ihnen weniger zugetraut und das Vertrauen in ältere Coaches sei automatisch größer.

Doch ein Coach, der bereits ein gewisses Alter erreicht hat, ist kein Garant für professionelles Coaching. Berufserfahrung ist einerseits wichtig, sagt allerdings wenig über Talent und Professionalität aus. Auch entscheiden sich manche Coaches erst im fortgeschrittenen Alter für diesen Berufsweg, sodass sie trotz Alter auf wenig Berufserfahrung zurückgreifen können.

Durch meine Erfahrung kann ich sagen, dass es viele junge Menschen gibt, die ein enormes Talent für diesen Beruf mitbringen. Viel an ihrer Weiterbildung arbeiten, um ihren Coachees die bestmögliche Unterstützung zu bieten.

Wichtig ist die richtige Einstellung des Coaches, die ich ihnen bereits in Kapitel 1 und 2 vorgestellt habe, sowie Empathie. Diese können bereits auch sehr junge Coaches mitbringen. Schlussendlich ist es auch eine Frage der Sympathie, ob man eher zu einem älteren oder einem jüngeren Coach geht, zu einer Frau oder einem Mann, zu dem man Vertrauen aufbaut.

- Entscheidend für ein professionelles Coaching ist die Professionalität des Coaches.

Wie sie die beurteilen können, werden Sie in Kapitel 4 noch weiter erfahren.

Abschluss des Coachings – Utilisation

Da Kurzzeitcoaching darauf ausgerichtet ist, dass Sie in kurzer Zeit zu Lösungen gelangen, wird auch der Abschluss nicht allzu lange auf sich warten lassen.

- Der Klient entscheidet selbst wie viele Sitzungen er braucht.

Sie alleine besitzen das richtige Gespür, wie viel Ihnen die Settings helfen, mit Ihrem Problem umzugehen. Dieses Phänomen beobachte ich auch immer wieder bei meinen KlientInnen. Sie erkennen die Veränderungen, die in Gang gesetzt wurden und entscheiden sich dann zu einem bestimmten Zeitpunkt, alleine weiter zu gehen.

Diese Entscheidung kann Ihnen der Coach nicht abnehmen, da Sie Experte Ihres Problems sind, wissen Sie auch, wann es genug ist, um alleine weiter zu gehen. Dies ist der Moment, an dem der Coachingprozess beendet werden kann.

Neben der Kennenlernphase zu Anfang des Coachings ist auch eine Auslaufphase zu Ende wichtig. Dies bedeutet, dass zu Ende keine starken Interventionen mehr stattfinden. Durch einen Rückblick auf die bisherigen Meetings wird besprochen, was sich verändert hat.

- Wichtig ist auch der Blick in die Zukunft, wie es weiter geht.

Die Planung von nächsten Schritten soll besprochen und die Zukunft visualisiert werden.

Es liegt auch in der Verantwortung des Coachs jemanden gehen zu lassen. Manchmal können Klienten nicht los lassen, aus Angst dass Sie alleine nicht weiter kommen. Es soll keine Abhängigkeit entstehen. Dem Klienten mitteilen, wann das Ziel erreicht ist? Der Coach weiß meist, wann der Klient bereit ist, den Weg alleine weiter zu gehen.
Da Coaching darauf ausgelegt ist, kurz zu sein, kann jedes Gespräch auch schon das letzte sein:
- das Abschlussgespräch.
Mit dieser Einstellung geht der Coach ans Werk. Ziel ist es, den Coachee soweit zu begleiten, dass er in der Lage ist selber weiter zu gehen.
Ein Abschluss des Coachings bedeutet nicht, dass es ein Abschluss für immer sein muss. Manchmal verändert sich die Lebenssituation in irgendeiner Art, dass auch ein Problem wieder deutlich belastender wird. In so einer Situation ist es natürlich möglich ein erneutes Gespräch zu suchen.
Oft reicht nur eine einzige Sitzung, um Sie wieder auf die richtige Bahn zu bringen. Auch wenn ein völlig neues Problem auf Sie zukommt, kann dieses wieder Anlass für einen erneuten Besuch bei Ihrem Coach sein.

Probleme ohne Lösungen?

Hin und wieder kommt es vor, dass Sie das Gefühl haben, in einer Sackgasse gelandet zu sein. Sie kommen dem Ziel nicht näher. Sie fühlen einen Stillstand. Es ist unwahrscheinlich, dass sich durch Coaching nichts verändert.

Veränderung passiert durch kleine Schritte. Keine drastischen Veränderungen. Wer die Hoffnung hat, von heute auf morgen mit dem Rauchen aufzuhören, oder sich bestens mit dem seit Jahrzehnten zerstrittenen Bruder zu verstehen, wird enttäuscht werden. So kann der Eindruck entstehen, dass sich nichts verändert hat.

- Es ist die Aufgabe des Coachs, dem Klienten zu Beginn klar zu machen, dass Veränderungen meist in kleinen Schritten geschehen.

Es kann auch vorkommen, dass der Klient für eine Veränderung noch nicht bereit ist. Beispielsweise wenn der Klient sich Zeit nehmen will, einen kleinen Fortschritt zu genießen und diesen Erfolg in Ruhe auskosten möchte.

Klienten, welche Probleme haben, die außerhalb der Coaching-Möglichkeiten liegen, müssen an andere Experten weitergeleitet werden.

Natürlich vorher mit dem Klienten darüber sprechen und um Erlaubnis fragen. Coach erklärt, wo die Grenzen liegen.

Schwierig ist es für den Coach mit dem Typus des ständigen „Klägers" zu arbeiten, der sich selbst immer als Opfer der Situation sieht. Der auch nicht bereit ist, sich auch selbst zu ver-ändern.

- Es darf auch Phasen des Stillstands geben.

Was, ist wenn der Klient keine Veränderungen spürt?

- Hier überprüft der Coach auf jeden Fall, ob die ursprünglichen Ziele des Klienten noch gelten.

Wenn nicht, wird möglichst eine neue Zielformulierung gesucht. Schließlich können sich im Laufe eines Coachings Probleme und Ziele verändern.

4. Kriterien zur Beurteilung eines professionellen Coaches

Systemisches Kurzzeitcoaching ist ein hocheffektives Mittel um Probleme innerhalb kürzester Zeit zu lösen. Damit dies funktioniert ist ein professionell arbeitender Coach unverzichtbar, denn nur ein Experte verfügt über das nötige Know-How, um Sie auf dem Weg zur Lösung zu begleiten. Geben Sie sich daher nur in die Hände eines Profis.

Doch wie wir bereits gesehen haben, gibt es eine Vielzahl von dubiosen Angeboten am Coaching Sektor, von denen Sie besser die Finger lassen sollten. Die Auswahl ist groß und die Beurteilung für den Klienten oft sehr schwierig.

Das erste Treffen - die richtigen Fragen

Wie wichtig gerade das erste Treffen ist, haben Sie bereits erfahren. Nicht nur der Coach stellt Ihnen Fragen, nützen Sie das erste Treffen auch selbst Fragen zu stellen.

Damit Sie sich leichter tun, werde ich dieses Buch mit einer **Checkliste**, anhand der Sie ganz leicht erkennen können, was einen professionellen Coach ausmacht und ob Sie es mit einem solchen zu tun haben, abschließen.

In diesem Kapitel erkläre ich Ihnen also, wie Ihr Coach sein soll und auch von welchen Coaches Sie besser die Finger lassen.

Ich gebe Ihnen das Handwerkszeug zu beurteilen, wie Sie den Experten unter den Coaches von Scharlatanen unterscheiden können. Sie werden sehen, mit welchen Fragen Sie bereits beim ersten Treffen beurteilen können, ob die Zusammenarbeit Erfolg versprechend erscheint.

Hände weg von…

Achten Sie bereits im Vorfeld auf bestimmte Dinge. Homepages oder Broschüren können bereits wichtige Hinweise enthalten, ob professionell gearbeitet wird oder nicht. Wenn diese Inhalte vorhanden sind, lesen Sie sie sorgfältig durch. Achten Sie auf bestimmte Dinge wie Arbeitsmethoden, Ausbildung, Kosten, Ort oder Erscheinungsbild der Praxis.

Ein unseriöses Vorgehen wäre, wenn Ihnen der Coach beispielsweise bereits zu Beginn ein Lockangebot anbietet, wie beispielsweise den Verkauf von 10er Blöcken oder Ähnlichem zur Kundengewinnung. Das ist ein Zeichen dafür, dass etwas faul ist, denn ein professionell arbeitender Coach weiß, dass er noch gar nicht weiß, wie viele Meetings Sie brauchen werden.

Auch wenn der Coach ihre bisherigen Fehler kritisiert, wissen Sie, dass etwas nicht stimmt, denn beim Coaching liegt der Fokus nicht in einer rückwärtsgewandten Fehleranalyse, sondern auf der Suche nach künftigen Lösungswegen.
- Ein Unding eines Coachs wäre auch oftmaliges Unterbrechen, während Sie erzählen.

Wenn Sie das Gefühl haben nicht zu Wort zu kommen, weil der Coach Ihnen den Satz beendet oder bereits die nächste Frage an Sie richtet.

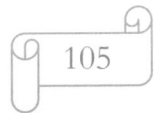

- Wenn der Coach die Leitung des Gesprächs übernimmt

(z.B. nach 5 Einheiten sind wir fertig. Oder „Unbedingt notwendig wöchentliche Termine wahrnehmen"). Wenn Sie das Gefühl haben, in eine gewünschte Richtung gelenkt zu werden, beispielsweise durch Suggestivfragen, werden Sie misstrauisch!

Ein weiteres No-Go ist es für einen Coach, Mitleid zu empfinden und sich ins System hineinziehen zu lassen. Natürlich ist Ihr Problem für Sie belastend, sonst wären Sie nicht bei einem Coaching. Dennoch ist der Coach ein Profi und sollte die Rolle des Außenstehenden wahren. Sie wollen schließlich nicht bedauert werden, sondern ihr Problem lösen können.
Ein Hinweis auf Unprofessionalität kann auch ein sofortiges freundschaftliches Verhältnis sein.
- Ein Coach, der auf die Schulter klopft und sofort per „Du" sein möchte, hat mit Professionalität nichts zu tun.

Der kumpelhafte Coach ist vielleicht nett gemeint, doch mit professionellem Arbeiten hat das wenig bis gar nichts zu tun. Es überschreitet meist die Grenze zwischen Coach und Coachee.

Was zudem nicht geht, sind so Dinge wie: am Gang Beratungen machen, weil man sich gerade getroffen hat oder wenig Zeit zur Verfügung steht. Ebenso unmöglich sind Termine, die zeitlich ausufern und keine klaren Abgrenzungen haben: „heute hat es länger gedauert, dafür machen wir das nächste Mal einfach kürzer."

Spezialisierungen sind desweiteren zumeist ein „Unding": Astrologen, Scharlatane, Ratgeber! Manche von ihnen mögen Ihnen auf ihre eigene Art helfen, aber mit professionellem Coaching haben diese Berufsgruppen nichts am Hut.

- Die Verletzung der Schweigepflicht darf ein Coach nicht zulassen.

Es geht zum Beispiel nicht, dass er erzählt, was für Probleme der letzte Klient hatte und dass das ein ähnlicher oder viel schwierigerer Fall als der Ihre war.

Auch eine Empfehlung ist keine Garantie für professionelles Arbeiten. Selbst wenn Sie von vertrauenswürdigen Freunden, KollegInnen oder Nachbarn einen Coach empfohlen bekommen, bleiben Sie dennoch zunächst kritisch. Deswegen muss dieser nämlich noch lange nicht professionell sein.

- Auch wenn ein Coach für jemand anderen der Richtige war, muss es nicht heißen, dass er Ihnen sympathisch sein muss.

Halten Sie nie an einem Coach aufgrund einer Empfehlung fest, wenn er Ihnen nicht entspricht. Es ist Ihre Entscheidung.

So soll er sein ...

Wichtig ist die Wertschätzung. Der Coach soll aufmerksam zuhören, am Anfang die Kosten gleich klären, das Ziel erklären, eine neutrale aber empathische Haltung einnehmen.

- Er soll große Sicherheit im Umgang mit Methoden haben,

in seiner Arbeit Methodenvielfalt aufweisen und mit dem Klienten respektvoll umgehen.

Nun, wie können Sie überprüfen, ob das zutrifft. Ganz einfach – wenn Sie das Gefühl haben, sich wohl zu fühlen, auf Augenhöhe mit dem Coach zu stehen, wertschätzend behandelt zu werden und nicht das Gefühl haben, das hier ein Verhör stattfindet – dann ist das schon mal ein gutes Zeichen für einen Profi.

Weiters ist Sympathie von immenser Bedeutung: es bringt nichts, wenn sie von einem fachlich guten Coach Hilfe in Anspruch nehmen, aber die Sympathie nicht vorhanden ist. Da es um zumeist Probleme geht bei denen Sie sich öffnen müssen, etwas in Gang zu setzen, ist es wichtig jemanden vertrauen zu können.

Checkliste zur Beurteilung

Hier nun die oben ausgeführten Bewertungskriterien in einer Check-Liste zur Übersicht:

gut	schlecht
Eigene Praxisräumlichkeiten	Coaching im Café bei Ihnen zu Hause
Klare Kostenangaben pro Stunde	Lockangebote, Rabatte, 10er Blöcke, etc.,
Professionelle Coaching-Ausbildung wenn möglich mit Diplom, Weiterbildung, Supervisionen. etc.	Keine spezielle Coaching-Ausbildung, Coaching mit esoterischen Ansätzen, Trainer, welche sich als Coach ausgeben.
Symphatisch	Unsymphatisch
Längere Praxis	Anfänger
Coach gibt kein Versprechen für Lösungen ab	Coach verspricht von Vorneherein Lösungen
Coach führt den Coaching Prozess	Coach gibt Tipps und Ratschläge
Coach bewertet nicht	Coach analysiert und bewertet

Fazit

Sie haben nun einen übersichtlichen Einblick in das Thema Coaching bekommen. Dabei haben Sie vor allem erfahren, was Coaching ist und ihnen bieten kann, aber auch wo seine Grenzen liegen. Sie wissen nun, ob und inwiefern Coaching für Sie Sinn machen kann und für wen es sich eignet.

Vor allem aber haben Sie allgemeine Kriterien kennengelernt, die einen guten Coach ausmachen. So können Sie auf Grundlage der Checkliste bereits im Vorfeld telefonisch vieles abklären, vor allem, ob Sie es mit einem Profi oder einem Nicht-Profi zu tun haben.

Was beim telefonischen Erstkontakt oft offen bleibt, ist noch die Frage, ob der ausgewählte Coach auch zu Ihnen persönlich passt. Jeder Mensch hat einen eigenen Charakter, so auch jeder Coach. Auch wenn er professionell arbeitet, bleibt er dennoch ein Mensch. Bei dem einen fühlen wir uns wohler, bei dem anderen weniger. Es ist also noch immer eine persönliche Geschmacksfrage, zu wem Sie gehen. Verlassen Sie sich auf Ihr Bauchgefühl!

Literatur

De Shazer, Steve: Wege der erfolgreichen Kurztherapie, 10. Auflage, Donauwörth: Klett-Cotta, 2010

De Shazer, Steve: Worte waren ursprünglich Zauber, 2. Auflage, Heidelberg: Carl-Auer, 2010.

De Jong, Peter; Berg, Insoo Kim: Lösungen (er)finden, 6. Auflage, Dortmund: Verlag modernes Lernen, 2008.

Erickson Milton H.: Hypnotherapie, 10. Auflage, Dortmund: Klett-Cotta, 2010.

Polt, Wolfgang; Rimser Markus: Aufstellungen mit dem Systembrett, Münster: Ökotopia Verlag, 2006.

Radatz, Sonja: Einführung in das systemische Coaching, 2. Auflage, Heidelberg: Carl-Auer Verlag, 2008.

Rekkas, Agnes: Klinische Hypnose und Hypnotherapie. Praxisbezogenes Lehrbuch für die Ausbildung, 5. Auflage, Heidelberg: Carl-Auer Verlag, 2011.

Schmidt, Gunther: Einführung in die hypnosytemische Therapie und Beratung, 3. Auflage, Heidelberg: Carl-Auer Verlag, 2010.

Szabo Peter; Berg Insoo Kim, Kurz(Zeit)coaching mit Langzeitwirkung, 2. Auflage, Dortmund: Borgmann Media, 2009.

Über den Autor

Eduard Frühwirt wurde 1953 in Oberösterreich geboren und wuchs im Mühlviertel auf, bevor er im Alter von 20 Jahren aus schulischen und beruflichen Gründen nach Wien „auswanderte".

Nach seiner Familiengründung - der Autor ist Vater drei erwachsener Söhne - war der Ingenieur viele Jahre als leitender Angesteller im In- und Ausland, u.a. als Produktmanager und Projektmanager für Motorola Inc., in den USA tätig.
Nach intensiver Selbstreflexion beschloss er diese Karriere, die er in Gesprächen inzwischen gerne als sein „erstes Leben" bezeichnet, am Höhepunkt zu beenden.

Bekanntlich kommt mit jedem Ende auch ein neuer und in diesem Fall ein noch besserer Anfang: Frühwirt fand seine wahre Berufung im Coaching. Nachdem er selbst eine persönliche Krisensituation durch die Zusammenarbeit mit einem professionellen Coach erfolgreich gemeistert hatte, fühlte er sich durch die Erfahrung, wie viel Lebensqualität innerhalb kürzester Zeit wiedergewonnen werden kann, inspiriert auf diesem Weg zukünftig auch selbst anderen Menschen zu helfen.

Seine zahlreichen Reisen in fremde Kulturen und Lebensweisen hatten ihm geholfen, zwei wichtige Grundvoraussetzungen für die Arbeit als Coach zu entwickeln. Diese Grundvoraussetzungen sind einerseits ein sehr hohes Einfühlungsvermögen und andererseits die Fähigkeit, rasch vertrauensvolle Beziehungen aufbauen zu können. Darin sieht Eduard Frühwirt auch seine ganz persönlichen Stärken.

Nach der Teilnahme an diversen internationalen Symposien und Lehrgängen absolvierte er daher im Jahr 2001 seine Trainer- und Coachingausbildung und gründete im Anschluss daran die Bildungsakademie VIENNA MEDIA mit Sitz im ersten Wiener Gemeindebezirk.
Hier war er Geschäftsführer, leitete Lehrgänge sowie Seminare und bildete selbst Trainer und Coaches aus. 2003 erfolgte dann die Spezialisierung auf Soft Skills und die Durchführung von Seminaren in der MitarbeiterInnen Aus- und Weiterbildung für größere Firmen und namhafte Institutionen sowie Ministerien und div. Behörden.
In Hinblick auf seine persönlichen Highlights befragt, nennt Frühwirt immer wieder das Persönlichkeits- und Jobcoaching. Oft wird aufs Neue bestätigt, dass mit den richtigen Coaching Techniken oft-

mals in nur wenigen Stunden immense Erfolge erzielt werden können.

Auch auf einige hypnosystemische Interventionen, in denen wirklich belastende Problemsituationen und innere Konflikte gelöst werden konnten, blickt der Autor zu Recht stolz zurück.

Eduard Frühwirts Lebensmotto „Willst du in anderen etwas entzünden, musst du selbst brennen." (Augustinus 4. JH.) hat sich in meiner Zusammenarbeit mit ihm jeden Tag aufs Neue bestätigt.

Frühwirt macht seinen Job als Coach, weil er ihn liebt und lebt mit einer solch ausdauernden und energiegeladenen Begeisterung, dass er für mich in den letzten Monaten nicht nur beruflich, sondern auch menschlich zu einem wahren Vorbild herangewachsen ist.

Julia Schuler (Publizistin).